PEQUENA ENCICLOPÉDIA DOS BÊBADOS

DOS

LAÉRCIO SANTINI
com charges de **Marco Aurélio Trevisan Santini**

PEQUENA ENCICLOPÉDIA DOS BÊBADOS

Tudo o que você sempre quis saber sobre bebuns, pinguços, paus-d'água, beberrões e cachaceiros, e nunca recebeu uma resposta decente porque eles estavam de porre...

Copyright © 2010 Alaércio Daniel Santini.

Copyright © 2011 Editora Pensamento-Cultrix Ltda.

Texto de acordo com as novas regras ortográficas da língua portuguesa.

2ª edição 2012.

Todos os direitos reservados. Nenhuma parte deste livro pode ser reproduzida ou usada de qualquer forma ou por qualquer meio, eletrônico ou mecânico, inclusive fotocópias, gravações ou sistema de armazenamento em banco de dados, sem permissão por escrito, exceto nos casos de trechos curtos citados em resenhas críticas ou artigos de revistas.

A Editora Seoman não se responsabiliza por eventuais mudanças ocorridas nos endereços convencionais ou eletrônicos citados neste livro.

Coordenação editorial: Denise de C. Rocha Delela e Roseli de Sousa Ferraz

Revisão: Indiara Faria Kayo

Diagramação: Macquete Produções Gráficas

Dados Internacionais de Catalogação na Publicação (CIP)
(Câmara Brasileira do Livro, SP, Brasil)

Santini, Laércio
    Pequena enciclopédia dos bêbados / Laércio Santini ; charges Marco Aurélio Trevisan Santini. -- São Paulo : Seoman, 2011.

    ISBN 978-85-98903-27-9

    1. Charges 2. Humorismo brasileiro 3. Sátira brasileira I. Santini, Marco Aurélio Trevisan. II. Título.

11-03874   CDD-869.97

Índices para catálogo sistemático:
1. Humor e sátira : Literatura brasileira   869.97

Seoman é um selo editorial da Pensamento-Cultrix
Direitos reservados
adquiridos com exclusividade pela
EDITORA PENSAMENTO-CULTRIX LTDA.
Rua Dr. Mário Vicente, 368 — 04270-000 — São Paulo, SP
Fone: (11) 2066-9000 — Fax: (11) 2066-9008
E-mail: atendimento@editoraseoman.com.br
http://www.editoraseoman.com.br
Foi feito o depósito legal.

PREFÁCIO

Em 1999, num daqueles dias especiais de inspiração em que até o mais comum dos mortais vira filósofo, resolvi tornar-me completamente abstêmio. Hoje eu sei que essa foi uma das melhores decisões da minha vida.

Um ano depois, enquanto fazia uma das minhas peças de xadrez artesanais, comecei a me lembrar de algumas situações engraçadas e interessantes causadas pelo consumo exagerado de álcool.

Olhando para o Cavalo que eu estava esculpindo, lembrei-me de um indivíduo que bebia para resolver todos os problemas da humanidade e decifrar os mais intrincados enigmas do universo. A bebida o transformava no dono absoluto da verdade, no suprassumo da inteligência. Qualquer dúvida que uma pessoa tivesse era só perguntar para o ébrio brilhante, e ai de quem ousasse contestá-lo... Ele comprava briga na certa. Por tudo isso, ele era também o maior chato de todo nosso planeta. Mas quando estava sóbrio era gente boa.

Lembrei-me de um amigo "galinha" que bebia e queria namorar com todo mundo, um "pavão" que se achava irresistível, mas que, na maioria das vezes, virava um espanador e acabava na mão – literalmente...

Lembrei-me de um dono de boteco que tinha remédio para todos os males: cachaça com boldo para o fígado, cachaça com raiz amarga para o estômago, cachaça com limão para a gripe... Cerveja era diurético, vinho combatia insônia, uísque baixava a pressão, e muitas outras receitas que ele indicava para uma legião de fãs cachaceiros e entusiasmados. O problema era que os "remédios" dessa "anta" acabavam matando todos os seus pacientes.

Lembrei-me de um indivíduo que, ao descobrir que a bebida atrapalhava os negócios, abandonou os negócios. Deixou a família cuidando de tudo para se dedicar exclusivamente ao que ele sabia fazer como ninguém: beber cerveja e comer salgadinhos. Em pouco tempo, o "rascunho de baleia" conseguiu uma barriga enorme e assustadora que, em contraste com as pernas incrivelmente finas e tortas e a cara de pintura abstrata, transformou-o numa espécie de monstro de filme de ficção científica, uma figura exótica que parecia ter saltado de algum desenho animado.

Lembrei-me de um velho conhecido – bem velho, praticamente um "dinossauro" – que resolveu virar bêbado e cair na gandaia. Acabou com o fígado em poucos porres. Morreu muito novo, pelo menos em bebedeiras.

Lembrei-me de um memorável jogo de truco que foi protagonizado por quatro indivíduos embriagados que pareciam "gralhas" histéricas, um espetáculo tragicômico que rivalizou com qualquer trama de suspense de Hollywood. Entre linguiças sebosas, cinzeiros fedorentos, copos quebrados e bêbados cortados, todos sobreviveram.

Lembrei-me de um motoqueiro que enchia a cara e fazia roleta-russa de madrugada, ultrapassando preferenciais em alta velocidade, sem capacete, sem olhar para os lados e sem noção nenhuma do que estava fazendo. O pior de tudo era que o animal contava isso como se fosse uma grande proeza, uma demonstração de coragem. Nesse momento, tinha a nítida visão de que via um "asno" pilotando uma moto.

Comecei a rir sozinho quando me lembrei de uma pescaria em que um amigo, bêbado e imitando um "macaco", conseguiu a façanha de subir numa árvore muito alta e difícil de escalar, agarrado ainda a um litro de uísque falsificado. Subiu até o topo sem derramar uma gota sequer. Depois de mais de uma hora de pedidos de socorro, finalmente ajudamos o "animal" a descer da árvore. Também pudera, naquela "pescaria" ninguém tinha se lembrado de levar redes, linhas ou anzóis, mas todos levaram bebidas... para todos.

O Bispo do xadrez lembrou-me da incrível proliferação de "ovelhas" enganadas e/ou embriagadas e me senti aliviado – duplamente

– por não mais fazer parte desse rebanho exótico. Fazendo uma autocrítica, cheguei à conclusão de que era um verdadeiro milagre eu ter sobrevivido a tantas loucuras sob a influência maléfica do álcool. Eu me considerava valente, quando bebia virava uma fera e brigava por qualquer coisa, e algumas vezes, após "overdoses de ignorância", eu andava até armado. Considerava-me um "leão"... mas acho que estava mais para "burro" mesmo.

Pensando em burro, lembrei-me de um sujeito que quase morria de ressaca e não conseguia nem trabalhar, mas era só sarar do porre que lá estava novamente o "animal" enchendo a cara no boteco.

Olhando para o Peão me dei conta de que, agora que eu era abstêmio, minhas probabilidades de "chegar à oitava casa" eram muito maiores. Fiquei feliz e agradeci a Deus por isso.

Após todas essas reflexões, comecei a comparar bêbados com bichos e vice-versa – mesmo correndo o risco de ouvir protestos e até de ser processado pelas entidades protetoras dos animais. A coisa foi ficando tão engraçada que achei interessante fazer um livro para tirar os beberrões do anonimato e assim corrigir uma injustiça histórica contra a classe dos cachaceiros.

Só com as lembranças das experiências que vivi, presenciei ou que me contaram, consegui identificar 51 tipos de bêbados. Depois disso resolvi me aprofundar mais no assunto. Aproveitando as minhas viagens de negócios pelo Brasil, pesquisei em bares, botecos e similares, conversei com centenas de pessoas – algumas delas sóbrias – e ouvi relatos de situações incríveis e tragicômicas. O resultado dessa pesquisa superou minhas expectativas: do "abelha" ao "zorrilho", foram mais de cem tipos de bêbados, devidamente identificados, classificados e catalogados. Um verdadeiro porre de cultura etílica!

BÊBADO ABELHA – O regurgitador

Esse indivíduo ordinário e asqueroso tem o péssimo hábito de encher a cara e vomitar em todos os lugares possíveis e imagináveis... menos no banheiro.
Ele vomita no chão, na mesa, no balcão, no carro e até em cima dos outros – para ele o vômito faz parte da festa. O pior é que, quando melhora um pouco, já começa a beber novamente...
Até vomitar outra vez.

BÊBADO ÁCARO – O que só fica mal em casa

Ele pode ficar horas num bar bebendo estupidamente que não acontece nada, mas basta chegar em casa que o "animal" já começa a passar mal e a fazer bagunça: vomita no sofá da sala, quebra louças na cozinha, faz xixi na geladeira e acaba dormindo na área de serviço, agarrado à máquina de lavar roupas... Tudo isso acontece porque o Bêbado Ácaro se sente muito mal quando está fora do seu hábitat.

BÊBADO ÁGUA-VIVA – O CHORÃO

Esse cara tem o costume irritante de exagerar na bebida e depois ficar se esvaindo em lágrimas e babando no ombro dos outros. Ele se lembra da namorada – que foi inteligente e o abandonou –, do emprego que perdeu, da bicheira do cachorro da sogra, do time que foi para a segunda divisão, da unha encravada do vizinho, da morte da bezerra e muito mais...
Tudo é motivo para choro e lamentações.

BÊBADO AMEBA – O ABOBALHADO

Esse cara bebeu tanto, durante tanto tempo, que conseguiu a inacreditável "façanha" de destruir todos os neurônios. A cara de bobo, o olhar de peixe morto, a conversa típica de um retardado que não fala "coisa com coisa" e o andar trôpego e vacilante demonstram que, em matéria de inteligência, esse indivíduo é inferior a um repolho.

BÊBADO ANDORINHA – O QUE SÓ BEBE EM BANDO

Esse sujeito sempre diz que nunca bebe quando está sozinho, mas vive bebendo porque nunca está sozinho. Reúne-se todo dia com um bando de cachaceiros abobalhados e transforma-se num entulho da sociedade que só pensa em encher a cara. Se um bêbado sozinho já incomoda muita gente, imagine então um bando... O pior é que esse tipo de "andorinha" não dá folga nem no inverno.

BÊBADO ANTA – O que acha que bebida é remédio

Esse débil mental, além de não acreditar que a bebida faz mal, ainda receita como remédio... Veja algumas de suas receitas: vinho para acabar com a insônia, uísque para baixar a pressão, cerveja como diurético, pinga com limão para curar gripe, vodka com mel para unha encravada, conhaque com alho para o estômago, e por aí vai...
O problema desses "remédios etílicos" é que os seus efeitos colaterais acabam matando todos os pacientes – inclusive o próprio "dr. Anta".

BÊBADO ARANHA – O QUE SÓ BEBE EM CASA

Esse indivíduo é – até certo ponto – inteligente, porque compra bebidas no supermercado e vai para casa encher a cara com toda segurança e tranquilidade. Assim ele economiza bastante e, principalmente, evita o "intercâmbio emburrecedor" dos bares, botecos e similares. Mas a maior vantagem do Bêbado Aranha é que ele nunca dá trabalho pra levar pra casa.

BÊBADO ARARA – O que finge que é Bravo

Sóbrio ele é uma dama, bêbado vira macho. Faz cara de mau, fala grosso, só fica de costas pra parede, cospe no chão... O cara é sinistro – e relaxado! Qualquer coisa fala que vai dar pancada, ameaça chutar o cachorro, faz e acontece... Mas, na verdade, ele é um coitado que apanha de qualquer um e bebe para "criar coragem". O Bêbado Arara provoca muita confusão e só se acalma quando leva uns tabefes no ouvido. Paga o maior mico e ainda fica com a orelha inchada... É um otário etílico.

BÊBADO ARRAIA – O ASSUMIDO

É inacreditável, mas esse indivíduo enche a cara e depois admite que está bêbado, mesmo enquanto está completamente bêbado. Para os outros cachaceiros, o Bêbado Arraia é um traidor da classe, porque bêbado que se preza nunca, em hipótese alguma, admite que está bêbado.

BÊBADO ASNO – O "motoqueiro"

E o cara que dirige bêbado já é um idiota, ordinário, imbecil, bobalhão, pulha, estúpido e apalermado... Imagine aquele que faz o mesmo de moto... Os asnos que me perdoem, mas eu precisava dar um nome a esses "animais".

BÊBADO AVESTRUZ – BEBE PARA FUGIR DOS PROBLEMAS

Qualquer coisa que não dá certo, por mais insignificante que seja, já é um bom motivo para esse mal-acabado encher a cara. Por isso ele incomoda, irrita e estressa todo mundo com as suas queixas e lamentações, causando transtornos aos outros e ainda mais problemas de relacionamento para ele mesmo. Na verdade, o problema maior é a existência dele... Mas, felizmente, todos os problemas terminam quando finalmente a bebida acaba com a raça do indivíduo.

BÊBADO BACALHAU – O ESQUECIDO

Ele esquece o celular no balcão, a carteira sobre a mesa, o casaco com a chave do carro na cadeira; até esquece que foi de carro para o boteco e volta a pé para casa...
Mas tudo isso acontece somente quando o Bêbado Bacalhau enche a cara; é a chamada "amnésia etílica".

BÊBADO BALEIA – O BEBEDOR DE CERVEJA

Esse cara passa a metade da vida bebendo cerveja e a outra metade comendo frituras sebosas e repulsivas – uma tentativa inútil e desesperada de preencher o enorme espaço vazio do seu estômago dilatado.
Ele é vermelho e inchado, tem o pescoço cheio de pelancas e uma barriga gigantesca e assustadora que empurra a calça para baixo, expondo parte das nádegas grotescas e cabeludas; tudo isso sobre duas pernas finas, tortas e combalidas pelo esforço de carregar tanto peso inútil...

BÊBADO BARATA – O BODEGUEIRO BÊBADO

Figura muito popular entre os beberrões, sua estratégia para conquistar mais fregueses é beber junto com eles. No começo até que funciona, mas com o tempo ele acaba tendo prejuízo com os aproveitadores e, principalmente, com as suas próprias bebedeiras. Morre cozido de cachaça, falido e abandonado pela freguesia.

BÊBADO BEM-TE-VI – O fanático por futebol

O Bêbado Bem-Te-Vi só bebe quando assiste a partidas de futebol na televisão. O problema é que ele assiste até partidas da segunda divisão do campeonato do "Raio Que o Parta", entre o Arranca Toco e o Quebra Canela. Depois da partida, o indivíduo acaba sempre ficando de porre. Ou para festejar a vitória ou para "esquecer a derrota"... ou para não perder o hábito mesmo. O que esse cara faz com os próprios neurônios é brutal: primeiro ele idiotiza os coitados com porcaria visual emburrecedora, depois dá o "golpe de misericórdia" bebendo como um condenado... Isso explica por que o retardado não consegue falar nada que se aproveite. Em pouco tempo o "animal" se transforma no Bêbado Ameba.

BÊBADO BESOURO – O TARADÃO

Quando está sóbrio ele não tem nenhum tipo de comportamento estranho e até parece uma pessoa decente. Só que, quando bebe, esse anormal começa a elogiar as pernas e os traseiros dos amigos, enquanto baba e esfrega as mãos com os olhos arregalados. É melhor manter distância do Bêbado Besouro, pois nunca se sabe o que pode acontecer...

BÊBADO BICHO DE GOIABA – O PAPAGAIO DO CELULAR

Quando está de cara cheia, esse sujeito gosta de ficar falando um monte de bobagens pelo celular, com a língua travada de cachaça. Liga de madrugada para parentes, pedindo dinheiro emprestado; liga para um colega de serviço pedindo desculpas pelas burradas que fez; liga para o padre querendo saber quando vai ter missa; liga até para a ex-sogra pedindo para ela convencer a filha a voltar pra ele...
Esse bêbado chato é um dos "efeitos colaterais" da tecnologia moderna.

BÊBADO BICHO-PREGUIÇA — O morto-vivo

Esse cara ainda não é um cadáver, mas também não dá sinais convincentes de que realmente está vivo... O indivíduo tem uma característica que não se encontra em nenhuma outra parte do reino animal: ou está dormindo ou está num estágio intermediário entre o sono e a vigília... Nunca está completamente acordado! A única coisa que ele sabe fazer na vida é encher a cara – e ainda assim com uma tremenda má vontade: ergue o copo lentamente, apoiado na mesa e na cadeira ao mesmo tempo e com cara de quem está fazendo um esforço sobre-humano para se manter vivo. Engole devagar, sem pressa, consciente de que é um inútil e conformado com a própria insignificância.

BÊBADO BODE – O FEDORENTO

O problema desse "esgoto a céu aberto ambulante" é que, além de ser um porcalhão relaxado, suas glândulas sudoríparas, sob o efeito da bebida, sofrem um processo de anomalia que potencializa os poderes fedentinos das bactérias e toxinas causadoras do mau cheiro. Isso explica o porquê dos terríveis gases tóxicos e da malfadada catinga nauseabunda que o sujeito exala quando está bêbado.

BÊBADO BORBOLETA – SÓ BEBE NOS FINS DE SEMANA

Bêbado Borboleta é aquele indivíduo honesto, decente e trabalhador que nos fins de semana transforma-se num beberrão chato, bobalhão e escandaloso... O cara consegue beber mais num sábado do que muitos manguaceiros durante um mês inteiro. Com o passar dos anos ele acaba se transformando num bêbado em tempo integral, acaba com o resto de fígado que ainda resistia e finalmente é aniquilado pela bebida.

E já vai tarde...

BÊBADO BÚFALO – O EXAGERADO

Esse indivíduo enche a cara e fica com mania de grandeza: quando elogia alguém, essa pessoa se transforma no receptáculo de todas as virtudes do universo; quando critica, usa todos os adjetivos depreciativos disponíveis no dicionário e transforma sua vítima no "cocô do cavalo do bandido". Se uma pessoa conta algo triste, ele se esvai em lágrimas; se outra conta em seguida uma piada, o "animal" quase morre de tanto rir. O pior de tudo é se alguém elogia o Bêbado Búfalo... – não, nunca faça isso! Primeiro porque esse bêbado não tem nada que seja digno de elogio, e segundo porque ele vai ficar ainda mais insuportável do que já é...

BÊBADO CÁGADO – O "motorista"

Mais desprezível e nojento do que fezes de urubu, esse imbecil é um assassino em potencial que enche a cara e depois sai dirigindo pelas ruas e estradas, semeando problemas, sofrimentos, desgraças, mortes e destruição...
Se os que fazem as leis – ou grande parte deles – não fossem tão "bananas", todos os Bêbados Cágados teriam o seu carro confiscado, seriam presos e proibidos de dirigir pelo resto da vida...

BÊBADO CAMALEÃO – O QUE TEM DUPLA PERSONALIDADE

Bêbado Camaleão é aquele que muda completamente o seu comportamento quando bebe, praticamente transformando-se em "outra pessoa".
Se é humilde e educado, fica truculento e arrogante; se já é um indivíduo grosso por natureza, vira uma "melosa e simpática dama"; se é falador, emudece; se é tímido, vira um tagarela tão insuportável que dá até vontade de dar um chute no traseiro...
Para quem acompanha a bebedeira do indivíduo desde o início, é muito engraçado ver essa metamorfose.

BÊBADO CAMELO – O DEFUNTO TEIMOSO

Ele tem olheiras pretas que se destacam na sua "cara de tacho", de palidez cadavérica; o cérebro está parcialmente destruído pela bebida; a musculatura está flácida, viscosa e com uma aparência "gosmenta", e as pernas bambas e ridículas ameaçam ruir com o peso do próprio corpo.
Esse indivíduo corroído pelo álcool não tem mais fígado e já deveria ter ido para a sepultura há muito tempo... Os médicos não conseguem explicar como alguém tão podre ainda está "vivo".

BÊBADO CANARINHO – O Cantor De Boteco

Quando esse indivíduo enche a cara e começa a cantar com aquela voz de "taquara rachada", mais parece uma figura grotesca que saltou de algum desenho animado. Todos que estão por perto entram em desespero, alguns saem correndo e outros ficam deprimidos; o boteco perde o encanto... Mesmo para o cachaceiro mais fanático.
Até que um belo dia, para alívio de todos, acontece o inevitável: alguém se estressa demais com a cantoria e – com toda a razão – mata o Bêbado Canarinho com 180 facadas...
É absolvido por unanimidade.

BÊBADO CANGURU – O QUE PULA DE BAR EM BAR

O problema desse pé de cana é o inconformismo com a própria insignificância. Ele tenta resgatar sua autoconfiança procurando aumentar o círculo de amizades com pinguços, bodegueiros e desocupados, por isso fica numa constante migração dentro do seu hábitat natural, que são os bares, botecos e similares. O que esse simplório não consegue enxergar é que os donos de bar não gostam de bêbados "produzidos" pela concorrência. A consequência é que, no segundo bar, o Bêbado Canguru já é visto como um "estranho no ninho", no terceiro bar já é hostilizado e, geralmente, lá pelo quinto bar ele é expulso aos pontapés, aumentando assim ainda mais a sua crise existencial...

BÊBADO CAPIVARA – O interesseiro

Esse indivíduo só tem um objetivo na vida: se dar bem. Por isso ele só frequenta locais selecionados, com potencial para encontrar uma mulher que possa preencher o vazio da sua conta bancária. Ele sempre tenta jogar o seu "charme" pra cima de alguém interessante, mas como o "animal" bebe demais, o máximo que consegue é sair com a irmã desempregada da garçonete... E só porque ela também está bêbada!

BÊBADO CARAMUJO – O que leva a bebida junto

Após passar mal na casa da sogra, em consequência de um almoço sem bebidas alcoólicas, esse indivíduo beberrão ficou tão traumatizado que passou a andar sempre com o porta-malas do carro abarrotado de bebidas. O problema é quando ele viaja com a família, pois os filhos têm que dividir o espaço com as malas... Afinal, o Bêbado Caramujo "não quer correr mais nenhum risco".

BÊBADO CARANGUEJO – O SAUDOSISTA

Esse Bêbado enche a cara e chora no ombro de outro bêbado a saudade do tempo em que não era bêbado. Outrora um cidadão exemplar, hoje não passa de um beberrão bagaceiro e desqualificado que só pensa em encher a cara. O Caranguejo é também conhecido como Bêbado Tranqueira.

BÊBADO CARRAPATO – O "maria vai com as outras"

Bêbado Carrapato é aquele simplório que bebe só para acompanhar os "amigos". Ele nem gosta muito de beber, mas como é um "banana" que não tem personalidade para dizer não e quer agradar um bando de cachaceiros idiotas e desqualificados, acaba embarcando nessa canoa furada.
Depois de algum tempo ele vira um beberrão e, consequentemente, não consegue realizar os seus sonhos.
Vê muitos que não bebiam – e que ele considerava uns "babacas" – vencerem e fazerem sucesso na vida... Depois se arrepende amargamente por ter entrado na onda daqueles "amigos", que ele já nem sabe mais por onde andam e que falavam para ele aproveitar a vida.
O Bêbado Carrapato morre pobre, infeliz, frustrado e cozido de cachaça.

BÊBADO CASCUDO – BEBE PORQUE É MALTRATADO PELA MULHER

Pobre Bêbado Cascudo! Casou com uma mulher insuportável, mal-humorada e mais feia do que porre de vinho vagabundo.
Ela acha que tudo que acontece de errado no planeta é culpa dele, por isso costuma esculachá-lo, humilhá-lo e pisoteá-lo publicamente.
Para tentar esquecer as suas mazelas, o bobalhão enche a cara, despertando a ira da mulher, que grita, destrata, xinga e ameaça com a separação, levando o indivíduo a beber ainda mais...

BÊBADO CAVALO – O grosso

Esse "animal", que já é insuportável, estúpido e mal-educado por natureza, quando bebe, então, vira um monstro repulsivo, que destila grosseria por todos os poros. Nem mesmo o Bêbado Cavalo abastado tem amigos, pois até os habituais bajuladores não acham que compense o "custo-benefício".

BÊBADO CEGONHA – O QUE DÁ BOM EXEMPLO AOS FILHOS

Por mais que isso pareça uma contradição, esse é um bêbado consciente. Apesar de ele ser um beberrão que já destruiu mais da metade do fígado, seus filhos nunca viram o pai bebendo e nem imaginam que ele é um bêbado. Ele nunca bebe em casa e, quando toma um porre no boteco, dorme sempre na casa de um amigo ou num hotel, depois inventa que viajou a negócios. Por isso ele explica os males causados pela bebida e aconselha os filhos a não beberem.
O Bêbado Cegonha "tem moral"...

BÊBADO CENTOPEIA – O QUE NÃO CAI

Esse tipo de bêbado é duro na queda: ele pode ter tomado todas, vomitado, chorado, dado vexame e tudo mais... Mas o pulha não cai de jeito nenhum. Demonstrando grande persistência etílica, ele segue em frente, trançando as pernas, olhando fixo no horizonte, com o andar trôpego e vacilante até conseguir chegar ao seu destino... Por mais que o Bêbado Centopeia beba, nunca ninguém precisa levá-lo para casa.

BÊBADO CHACAL — O quase honesto

Ele é a honestidade em pessoa, um exemplo de caráter e dignidade e não é capaz de roubar uma caixa de fósforos.
O problema é quando esse indivíduo bebe: simplesmente transforma-se num ladrãozinho pé de chinelo. Rouba cinzeiros; vidros de mostarda, catchup e maionese; porta-guardanapos, copos, saleiros e, se tiver chance, mete a mão no caixa do boteco. Quando se hospeda em um hotel também é um terror; leva toalhas, lençóis, cabides, travesseiros e até o ventilador.
Muitas vezes esse bagaço é pego em flagrante e vai preso ou é expulso do recinto a socos e pontapés...
Mas não adianta, o Bêbado Chacal só vai parar de roubar quando parar de beber, ou seja... Nunca!

BÊBADO CHUPIM – O QUE BEBE À CUSTA DOS OUTROS

Esse é o cara... de pau!
Quando ele está numa roda de amigos no bar, é um dos mais entusiasmados; manda vir de meia dúzia, faz muito barulho e gosta de aparecer.
Depois, na hora de pagar, diz que esqueceu a carteira, finge que não é com ele, sai de fininho...
Às vezes até que ele paga alguma coisa, mas é só para despistar, para não "secar a fonte"...
O Bêbado Chupim é na verdade um folgado, que se aproveita da bondade, da ingenuidade e da burrice dos outros bêbados para encher a cara "somente" com custos para o fígado, para o estômago, para o cérebro, para o pâncreas...

BÊBADO CIGARRA – O VIZINHO BARULHENTO

Esse cara chato, mal-educado e insuportável enche a cara e inferniza a vida dos vizinhos com músicas hediondas de que só ele gosta... E, ainda por cima, no último volume! Isso é uma tortura que pode causar sérios danos psicológicos às vítimas. E não adianta pedir para esse bêbado pulha abaixar o volume; primeiro porque ele é um bêbado; segundo porque é um pulha. A única maneira de se defender do Bêbado Cigarra é comprar um som bem mais potente do que o dele e, no instante em que o "animal" começar a fazer barulho, você contra-ataca com músicas de qualidade – que ele detesta – e num volume ainda mais ensurdecedor. Não se esqueça de "apontar" as caixas para o inimigo e de colocar um protetor de ouvido. Quando ele abaixar o volume, você faz o mesmo... Em pouco tempo domestica a "fera".

BÊBADO COALA – O amigão

Ele é cheio de amor pra dar; quanto mais bebe, mais simpático fica. Sensível, emotivo, todo mundo para ele é amigo; até a mais vil e desprezível das criaturas é alvo de abraços e tapinhas nas costas. Ele beija e baba na cara dos outros...
É muito gente boa!
Até que chega um ponto em que começa a encher o saco de todo mundo; ninguém aguenta mais aquele bêbado "meloso", que parece um cobertor térmico sujo de graxa.
O Bêbado Coala só para de incomodar quando leva um soco no nariz...
Aí fica mais parecido ainda com um coala!

BÊBADO COBRA-CEGA – O que "não levanta mais"

Foram muitos anos de bebedeiras,
noites maldormidas, alimentação errada,
sedentarismo... Só podia dar nisso...
O indivíduo até que levanta da cama,
mas só de vez em quando, e ainda assim em condições
precárias. Não tem remédio que dê jeito...
Hoje, mais desmotivado do que cozinheiro de
hospício, frustrado e impotente demais –
literalmente – para reagir, ele bebe muito
para esquecer que a bebida o derrubou.
O único exercício físico que faz é
levantamento de copo...

BÊBADO CORRUPIÃO – O imitaDor

É de morrer de rir! Imagine um bêbado imitando outros bêbados... O Bêbado Corrupião é o palhaço dos botecos; a alegria dos cachaceiros. Quando fica muito bêbado, suas "imitações" de bêbados ficam ainda mais convincentes... Às vezes também imita artistas e celebridades. Até o Bêbado Urubu dá boas gargalhadas.

BÊBADO CORUJA – O filósofo

Esse "gênio", quando está de cara cheia,
explica até os mais intrincados enigmas
do universo. O cara entende de tudo,
é um especialista em qualquer assunto;
que ninguém ouse contrariá-lo!...
Ele também gosta de mostrar sua superioridade
intelectual com frases difíceis, que nem ele
mesmo entende. Quanto mais bêbado,
mais pernóstico e sabichão...

BÊBADO DINOSSAURO – O que vira bêbado depois de velho

Esse ordinário sempre foi um homem de bem e cumpridor de suas obrigações... Quase não consumia álcool. Mas, sabe-se lá por que motivo, quando ele chega naquela idade em que nem sabe mais a idade que tem, resolve chutar o traseiro da veia e transforma-se num beberrão bagaceiro que só pensa em fazer festa. Em pouco tempo a bebida e as más companhias acabam com a saúde e o patrimônio do "animal".

BÊBADO ÉGUA – O que é levado pelo cavalo

Esse bêbado faz parte do folclore brasileiro e mora no interior do distrito do Raio Que o Parta, município de Caixa Pregos do Norte, e tem uma maneira peculiar de ir para casa após suas bebedeiras. Ele enche a cara num boteco na beira da estrada e leva meia hora para conseguir subir no lombo do cavalo, isso quando outro bêbado "dá uma força"...
Quando está sozinho, demora o dobro do tempo.
Mas, a partir daí, o Bêbado Égua fica tranquilo, às vezes até desmaia no lombo do cavalo, sem problemas, pois o cavalo sabe o caminho e leva o "animal" para casa...

BÊBADO ELEFANTE – O "gangorra"

Quando ele se senta, todos se levantam e vão embora...
Com o Bêbado Elefante é assim: o ambiente fica pesado, sufocante, parece que ele usa todo o oxigênio do recinto e ocupa o espaço de todo mundo...
O problema desse indivíduo é que a bebida o transforma num perigoso irradiador de energia negativa; isso explica o terrível mal-estar que as pessoas sentem quando estão próximas do Bêbado Elefante.
Quando ele está perto, até as plantas artificiais murcham...

BÊBADO ESCORPIÃO – O FOFOQUEIRO

Esse cara, apesar de ser um bagaço que só presta para dar vexames e envergonhar a família, costuma encher a cara e falar mal de todo mundo. O pior é que o fofoqueiro é visto com frequência nas missas, rezando e cantando emocionado com a bíblia debaixo do braço...

BÊBADO ESTRELA-DO-MAR — O QUE BEBE TUDO NAS FÉRIAS

Quando está trabalhando, esse indivíduo quase não consome bebidas alcoólicas, e é um homem sério, responsável e cumpridor de seus deveres. Mas quando ele entra em férias... Sai da frente!
O abobalhado não pode ver uma praia que enche a cara e perde a compostura... Fica tão destrambelhado que até quer lavar o carro na praia — e só não o faz por causa dos protestos da família. É um escândalo atrás do outro; o indivíduo chega a subir em postes e a andar de cuecas pela rua; todos ficam envergonhados com suas atitudes. O "animal" dá tanto vexame que a mulher chega a pensar seriamente em divórcio e os filhos, inconformados, exigem um teste de DNA, na esperança de serem adotivos...

BÊBADO FALCÃO – O QUE BEBE PARA FAZER A DIGESTÃO

Esse bebum sofre de má digestão porque bebe demais "para fazer digestão". As mazelas estomacais são uma boa desculpa para ele encher a cara; quanto mais problemas digestivos, mais ele bebe; quanto mais ele bebe, mais tem problemas digestivos...
E ele continua assim, nesse círculo vicioso, até conseguir uma úlcera.
Isso, quando tem sorte...

BÊBADO FORMIGA — O QUE faz estoque de bebidas

Esse coió tem medo que instituam uma "lei seca" no país, por isso ele sempre mantém um grande estoque de bebidas em casa; e cada vez que ele volta do supermercado, o estoque aumenta.
O que acontece é que o Bêbado Formiga sofre de "abstemiofobia", mal que acomete o cérebro de alguns debiloides etílico esclerosados pelo álcool.

BÊBADO GAIVOTA – O NÔMADE

Ele dorme na casa do melhor amigo, na casa de um amigo qualquer e, se for preciso, até na casa de um inimigo... Menos na casa dele!
O motivo de esse indivíduo ficar migrando durante os períodos de bebedeiras é que ele é tão chato que não é bem-vindo nem na sua própria casa. Quando, finalmente, todos descobrem que ele é um "baita dum porqueira" e batem-lhe a porta na cara, o sujeito fica mais perdido do que cachorro que caiu do caminhão de mudança...

BÊBADO GALINHA – O CONQUISTADOR DE ARAQUE

Quando esse cara bebe, chega à conclusão de que ninguém resiste ao seu charme, por isso todas as mulheres estão a fim dele, mesmo as que nem estão olhando, pois elas só estão se fazendo de difíceis. As mulheres ficam lindas e gostosas, todas ficam bonitas e sensuais; as pelancas somem, as rugas e espinhas desaparecem e, dependendo do estado etílico do indivíduo, até a celulite fica imperceptível e os dentes amarelados ficam branquinhos. Mais alguns goles e o pau-d'água começa a falar um monte de bobagens com a língua travada de cachaça; em seguida cochicha e baba no ouvido da vítima, convicto de que está no "caminho certo". É lógico que um bêbado asqueroso desses acaba espantando 99% das pretendentes... Imagine então o que sobra para o Bêbado Galinha... Mas, por pior que ela seja ele sempre estará mais bem acompanhado do que ela...

BÊBADO GAMBÁ – O CACHACEIRO

Mais comum e nocivo do que erva daninha, esse indivíduo movido à cachaça só tem uma serventia: dar lucro para os bodegueiros. Ele é tosco, chato e irritante, tem um bafo maldito e uma tendência natural para o ócio.
Por ser o que mais abunda, também é o que mais causa problemas no país.
O dinheiro arrecadado com os impostos das bebidas não cobre sequer a metade dos estragos causados pelo Bêbado Gambá – e pelos outros "bichos"...
Um brinde à estupidez!

BÊBADO GANSO – O fraco para bebida

Ninguém quer muita aproximação com esse cara; também pudera, bebe um pouquinho e já fica bêbado... O pior é que ele incomoda, vomita e dá vexame; depois desmaia e tem que ser levado para casa. Por isso ele é discriminado, relegado a segundo plano e ignorado que nem "rebenque velho em fazenda".

BÊBADO GARANHÃO – O SEDUTOR

Ele nunca bebe demais... Só de vez em quando.
Ele é bonito, charmoso e irresistível.
Ele é um anormal tarado que fica babando e com os olhos arregalados quando vê uma mulher bonita.
Ele sabe o caminho para chegar ao coração das mulheres, inclusive das mulheres casadas.
Ele morre muito cedo, assassinado por um marido ciumento...

BÊBADO GOLFINHO – O que gosta de aparecer

Esse bobalhão gosta tanto de aparecer que até finge estar mais bêbado do que realmente está só para chamar a atenção.
Quando ele chega naquele ponto em que é impossível ficar ainda mais bêbado, resolve fingir que está sóbrio. É ridículo, vira chacota de todo mundo – é de morrer de rir... Mas ele consegue aparecer.
Só quando alguém lhe dá uma surra de laço e, consequentemente, faz com que o cérebro paralisado pelo álcool "pegue no tranco", é que o Bêbado Golfinho para com essas frescuras.

BÊBADO GORILA – BEBE PORQUE tem vergonha de ser bêbado

É incrível, mas esse bobalhão bebe porque tem vergonha de ser bêbado. Você deve achar inacreditável o grau de estupidez desse "animal", não é? Mas de bumbum de criança e cabeça de bêbado ninguém sabe o que pode sair...
Coisas da fauna etílica!

BÊBADO HIENA — O BOBO ALEGRE

Ele enche a cara e tudo fica engraçado: a mosca que caiu no copo, a própria cara de bobo no espelho, a conta bancária que está no vermelho... Até o exame médico que mostra que a bebida acabou com ele é motivo para boas gargalhadas.
O nível de estupidez acima da média desse pinguço é consequência da maior sensibilidade às substâncias idiotizantes e emburrecedoras das bebidas alcoólicas e, apesar de possuir ainda algum resquício de inteligência, ele é um caso perdido. Pode-se apenas lamentar a sua existência...

BÊBADO HIPOPÓTAMO – O terror dos garçons

Chato, asqueroso e repulsivo, o Bêbado Hipopótamo, quando está em casa, é o "último que fala e o primeiro que apanha e por isso ele desconta todas as suas mágoas e frustrações nos botecos, transformando a vida dos profissionais "abastecedores de bêbados" num inferno. Ele reclama do atendimento, bate o copo na mesa, derrama bebida no chão, xinga o atendente e acha que sua voz deve se sobressair no ambiente. Esse bobalhão etílico prevalecido é a principal causa de internamentos em clínicas psiquiátricas e de aposentadorias precoces entre os garçons. O Bêbado Hipopótamo morre "misteriosamente" envenenado numa mesa de bar...

BÊBADO JACU – O QUE APANHA DA MULHER

Toda vez que esse indivíduo volta para casa bêbado leva uma surra da mulher... Apanha todos os dias! A mulher faz o "animal" sarar do porre na base da pancada, na esperança de que ele crie vergonha, mas não adianta, mesmo todo quebrado ele sempre volta para o boteco. Até que a mulher, cansada de bater e de aguentar o terrível bafo de cachaça, mete o pé na bunda do ordinário e vai viver feliz com o Ricardão. E o Bêbado Jacu, para preencher o vazio que ficou, começa a provocar brigas com os valentões nos botecos. Não dura muito tempo...

BÊBADO JARARACA – O QUE faz os outros Brigarem

Esse é um verdadeiro pulha. Sempre dá um jeito de provocar brigas e depois se diverte vendo os outros bêbados brigarem – a uma distância segura, é claro. Até que um dia os ingênuos etílicos prejudicados se dão conta de que são induzidos a fazer um monte de besteiras e acabam com a raça do Bêbado Jararaca... E com toda razão.

BÊBADO JAVALI – O DEFENSOR DA CLASSE

Que ninguém ouse criticar os bêbados ou a bebida perto do Bêbado Javali, pois vai arrumar confusão na certa. Esse bocó faz o papel de advogado do diabo porque não sabe – ou finge que não sabe – dos terríveis males causados pela bebida.

O Bêbado Javali morre atropelado por um Bêbado Cágado que invadiu a calçada com o carro em alta velocidade...

BÊBADO JOANINHA – O BÊBADO CHIQUE

O Bêbado Joaninha é um exemplo de elegância e sofisticação. Ele só frequenta os melhores lugares, só namora as mais lindas mulheres, só bebe em copos de cristal; às vezes exagera na bebida e tira a roupa na frente de todo mundo...
Mas pelo menos é roupa de grife...
Fala bobagens, sim, como qualquer bêbado, mas sem nenhum erro de português;
e ele só vomita no vaso sanitário... Que classe!
É uma pena que não passe de um cachaceiro ordinário... Mas só de bebidas finas.

BÊBADO JUMENTO – O que se orgulha de beber mais do que os outros

Esse beberrão acha uma grande vantagem beber
exageradamente e não cair, só para mostrar
para os outros beberrões que é forte com bebida...
Conta com orgulho suas proezas etílicas,
sem saber que está cavando a própria sepultura.
O pior é que muitos abobalhados admiram
a sua resistência e fazem um "treinamento"
específico para bater os recordes do Bêbado Jumento...
Se uma pessoa normal observar com atenção
esse bando de retardados em plena bebedeira,
sentirá vergonha de pertencer à raça humana...

BÊBADO LACRAIA – O terror dos comerciantes

Ele entra nas lojas e contamina o ambiente com o seu cheiro insuportável e o terrível bafo de cachaça. Como se isso não bastasse, o bagaceiro especula preços, pega mercadorias com a mão suja, pede cigarros, interrompe conversas e fala bobagens, enquanto cospe nos fregueses num raio de cinco metros. O Bêbado Lacraia é o pesadelo de muita gente que trabalha no comércio; aliás, as vítimas desse indivíduo deveriam pedir indenização por danos morais aos fabricantes de bebidas.

BÊBADO LAGARTIXA — O que sempre promete que vai parar de beber

É sempre assim, ele bebe que nem louco e depois jura que vai parar de beber; chega até a jogar fora as garrafas e latinhas que estavam na geladeira... Mas, assim que sara do porre, lá está novamente o Bêbado Lagartixa enchendo a cara no boteco. Só quando o médico avisa que ele "não tem mais fígado" e o dono da funerária puxa amizade "estratégica" com a família, o cachaceiro resolve parar de beber em definitivo... Mas aí já é tarde demais!

BÊBADO LAGARTO – O PUXA-SACO

Esse coió desprezível enche a cara e vira o maior bajulador do planeta... Ele chega ao cúmulo da falsidade quando fala maravilhas da própria sogra... Se alguém está sem dinheiro, ele empresta; se alguém canta, ele faz o estribilho; se alguém arrota, ele solta um pum; se alguém está triste, ele chora junto; se alguém que está com ele mexe com um valentão, ele corre...
Porque ele é puxa-saco, mas não é burro...
Mas geralmente ele não consegue tirar nenhuma vantagem, pois ninguém aguenta um bêbado "pegajoso" que fica elogiando sem parar, enquanto beija e baba no rosto dos outros.
O Bêbado Lagarto é um indivíduo sem virtudes, sem amor-próprio e sem vergonha. Ninguém sabe o que esse "animal" veio fazer na Terra...

BÊBADO LAGOSTA – O que fica rico quando bebe

Esse é uma figura exótica. Deve pra todo mundo e não tem onde cair morto, mas quando está bêbado vira até fazendeiro. Convida as pessoas para festas que nunca acontecem, faz bravatas, conta vantagem e até dá gorjeta para o bodegueiro. O engraçado é quando algum pé de cana mal informado começa a se aproximar do Bêbado Lagosta com segundas intenções, achando que ele é rico de verdade...
É o roto bajulando o esfarrapado.

BÊBADO LEÃO – O valente

Ele é um perigo – é macho mesmo! Bom de briga, só anda armado, não leva desaforo pra casa e, se for preciso, mata e arrebenta... É um troglodita ignorante que acha que é mais homem do que os outros; tão valente que nem a bebida consegue exterminá-lo... Não dá tempo!
O Bêbado Leão morre muito novo: é assassinado pelas costas por um pobre coitado que não aguenta um tapa...

BÊBADO LEOPARDO – VENDE COMIDA PARA COMPRAR BEBIDA

Esse bebum mau-caráter tem a capacidade de vender a cesta básica que ganha do governo para comprar bebidas alcoólicas.
Às vezes vende também algumas coisas de dentro de casa... "Bebe" até o botijão de gás... Como ele é um vadio que não quer trabalhar, depois tem que sair pedindo comida para dar aos filhos. É um indivíduo desprezível que macula ainda mais o já tão desgastado nome dos cachaceiros.

BÊBADO LESMA – O "Pegajoso"

Ele abraça você, beija você, baba em você... Ele suja a sua camisa com a mão engraxada de linguicinhas; ele gruda em você e o acompanha até o banheiro... Depois fica observando e fazendo comentários depreciativos. Ele sufoca você e não dá sossego, é a maldição dos botecos, uma praga maldita que recai sobre os ombros combalidos dos cachaceiros... O Bêbado Lesma é assim, aderente ao extremo... É impossível livrar-se dele. Fuja enquanto é tempo!

BÊBADO LIBÉLULA – O DANÇARINO

Quando esse pinguço "extrovertido" está numa pista de dança fica completamente enlouquecido: pula sem parar, dá gritinhos "suspeitos", tira a camisa e amarra na cintura, rebola de maneira ridícula e comprometedora, balança a cabeça alucinado e agita tanto os braços que quase sai voando... Quem observa atentamente o Bêbado Libélula fica em dúvida com relação à teoria da superioridade dos seres humanos sobre os outros animais...

BÊBADO LOMBRIGA – O POLÍTICO

Essa figura patética e divertida enche a cara para resolver os problemas do país e do mundo: ele discursa emocionado citando frases famosas de personalidades históricas, enquanto lança a própria candidatura à presidência da república. Ameaça ressuscitar Getúlio Vargas; elogia a extinta União Soviética, clama pela volta da "guerra fria" e faz referências simpáticas à ditadura… O Bêbado Lombriga é também conhecido como "Che Guevara" dos botecos.

BÊBADO MACACO – O GOZADOR

Pobre do bêbado que "apagar" com algum Bêbado Macaco por perto... Demonstrando um sadismo etílico singular, ele se diverte fazendo mosquitinhos com palitos de fósforo; passa um barbante ou uma folha de papel nos lábios da vítima; enrola o bebum apagado com fita adesiva, passa creme dental no rosto; faz xixi nas calças do indivíduo; faz buracos na cabeleira com uma tesoura e por aí vai...

Esse bêbado psicopata é um dos maiores fatores de risco para quem exagera na bebida...

BÊBADO MARRECO – O PATROCINADOR DE FESTAS

Esse sujeito sempre está com a casa cheia de aproveitadores. Com uma vocação natural para sustentar uma cambada de beberrões desocupados, o "animal" vive fazendo churrascos, regados com muita cerveja...
Ele se orgulha da própria hospitalidade. Quando, por motivos óbvios, o Bêbado Marreco vai à falência, a debandada é geral, a casa fica vazia e não sobra nenhum "amigo" para contar a história...

BÊBADO MICRÓBIO – O DOENTE

Primeiro aviso do médico: "É melhor o senhor parar de beber e começar a praticar exercícios físicos". O Bêbado Micróbio continua bebendo mais do que nunca – e sedentário.
Segundo aviso do médico (dois anos depois): "O senhor está proibido de beber; quero que faça este exame"...
Preocupado, o Bêbado Micróbio bebe ainda mais.
Terceiro aviso do médico (três anos depois): "Desculpe minha sinceridade, mas se o senhor continuar sedentário e não deixar de beber, não vai viver muito tempo"...
Apavorado, o Bêbado Micróbio toma um porre.
Quarto aviso do médico (oito anos após o primeiro aviso): "O dono da Funerária Pé na Cova é meu amigo, posso conseguir um bom desconto para o senhor. É tudo que posso fazer agora"...
O Bêbado Micróbio para de beber...

BÊBADO MORCEGO – O ESCRAVO DA BEBIDA

Esse ordinário só dança após tomar meia dúzia de cervejas; só almoça depois de vários aperitivos; tem que beber para fazer digestão e só faz sexo quando está bêbado – e muito malfeito, por sinal. Para jogar bola, conseguir dormir, ir pescar, até trabalhar, o "animal" precisa beber.

O Bêbado Morcego tem a bebida como uma muleta maldita que o acompanha a vida inteira. Até matá-lo ... "definitivamente".

BÊBADO MOSCA – O QUE SÓ COME PORCARIAS

Esse cara passa a maior parte da vida em bares, por isso ele nunca comeu feijão com arroz; não conhece frutas, legumes e verduras e nem sabe o que é comida de verdade. Ele vive de porcarias...
Por isso o "animal" só come pastéis sebosos, salsichas gosmentas, ovos cozidos envelhecidos, chocolates vagabundos, salgadinhos artificiais fedorentos, batatas fritas em óleo queimado, x-salada gorduroso com hambúrguer suspeito e mais um monte de lixo alimentar...
É muito raro um Bêbado Mosca durar mais do que quarenta anos. Também pudera, com tanta inhaca "ajudando" a bebida...

BÊBADO ONÇA – O fiel aos amigos

Esse aí considera como amigos uma tropa de cachaceiros que bebe junto com ele no boteco... Até briga com a família por causa deles.
Os amigos da onça aprovam a sua atitude...
e também falam mal da família dele...
Quando a bebida finalmente consegue acabar com a saúde e o patrimônio do ordinário,
os "amigos" desaparecem.
Falta gente para carregar o caixão...

BÊBADO ORANGOTANGO – O SOLITÁRIO

Ele é daquele tipo que não gosta de aglomerações, nem de lugares movimentados ou muito badalados. Indivíduo tímido, arredio e bobalhão, fica sozinho e quieto a maior parte do tempo. Seu hábitat são os bares mais simples e discretos, onde ele pode tomar os seus porres no anonimato.
O Bêbado Orangotango não tem amigos, nem inimigos, nem namorada... Ele é um bocó etílico que não fede nem cheira...

BÊBADO ORNITORRINCO – O Primitivo

Esse "animal" enche a cara e sofre uma regressão mental que o faz perder o domínio da fala e ficar parecido com um homem das cavernas. A língua fica travada, as cordas vocais desafinam e o queixo cai, liberando o fluxo de uma baba densa e asquerosa. A consequência disso é que o Bêbado Ornitorrinco só consegue se comunicar com mímica, pancadas e grunhidos...

BÊBADO PACA — O BêBaDO em tempo integral

Bêbado Paca é aquele que toma só um porre na vida... Mas esse porre dura a vida inteira! Esse maluco suicida passa todo o tempo que está acordado bebendo; e quando está dormindo ainda sonha que está enchendo a cara...

BÊBADO PAPAGAIO – O QUE FALA DEMAIS

Esse cara bebe até "sair pelos ouvidos" depois começa a falar sem parar um minuto, repetindo várias vezes as mesmas bobagens com a voz embargada de cachaça. Não há palavras para descrever o quanto esse indivíduo é chato e abominável, parece um ser maligno concebido no quinto dos infernos com a única finalidade de incomodar os pobres ouvintes compulsivos. Muitas vítimas frequentemente enlouquecem e viram psicopatas. Também, quem manda ficar ouvindo um "animal" desses? É muita burrice!

BÊBADO PATO – O "mão aberta"

Aonde o Bêbado Pato vai, os outros bêbados vão atrás...
O seu carisma é impressionante, ninguém é tão "benquisto" no boteco como ele, que fica emocionado com as frequentes demonstrações de "carinho e amizade" dos outros beberrões. Até o bodegueiro puxa o saco do indivíduo... Apesar do "animal" desconfiar às vezes que sua grande popularidade é consequência de pagar bebida para todo mundo, ainda assim o Pato é um bêbado feliz...
Pelo menos enquanto tem dinheiro...

BÊBADO PAVÃO – O DO CARRO COM SOM ALTO

Esse indivíduo asqueroso tem um carro com o porta-malas abarrotado de caixas de som, algo que pode ser definido como uma "sucursal do inferno" sobre rodas. Quando esse "animal" está babando de bêbado, todos, num raio de cem metros, perdem o sossego. O pior de tudo é que o ordinário só ouve músicas que ninguém gosta, exceto ele... Transforma os ouvidos dos outros em penicos e, ainda por cima, num volume ensurdecedor. Por tudo isso, ele é um dos bêbados mais odiados da fauna dos cachaceiros.
Depois de estacionar e fazer muito barulho no lugar errado e na hora errada, o Bêbado Pavão acaba sendo torturado com requintes de crueldade, esquartejado e queimado na fogueira do próprio carro por 120 velhinhos enfurecidos do clube da Terceira Idade... Para alívio de todos!

BÊBADO PELICANO — O PESCADOR

Ele esquece os anzóis, não se lembra de abastecer o carro, é capaz de deixar a barraca em casa... Mas sempre leva caixas e mais caixas de bebida.
Esse indivíduo, que se diz pescador, mas que não consegue distinguir um lambari de um cascudo, é um especialista em encher a cara na beira do rio.
Talvez seja o contato com a natureza ou, quem sabe, a maior privacidade para dar vexames... Vai saber. O fato é que, quando esse abobalhado vai "pescar", bebe até não poder mais. Derruba a barraca, esconde objetos dos companheiros, nada pelado, afunda o barco, sobe em árvores e não consegue descer, vomita na fogueira...
Faz um monte de porcarias, menos pescar. É um nojo!
O inacreditável é que o Bêbado Pelicano sempre arruma companhia para ir acampar... Só podem ser masoquistas!

BÊBADO PERIQUITO – O PIADISTA

O Bêbado Periquito é muito engraçado: ele enche a cara até cair e começa a contar piadas de bêbado. O problema é que o indivíduo só sabe duas ou três piadas e fica sempre repetindo a mesma coisa, por isso logo perde a graça e transforma-se num chato insuportável. Isso explica por que de vez em quando esse pau-d'água leva uma surra de laço…

BÊBADO PERNILONGO – O CHATO

Chatos quase todos os bêbados são, mas o Bêbado Pernilongo extrapola: ele pede um gole e baba no copo dos outros, fala de perto cuspindo e exalando um bafo terrível, fica todo tempo dando tapinhas nas costas e segurando no braço, interrompe conversas e dá palpites idiotas em assuntos que não entende nada e muito mais...
A única vantagem desse ordinário é que, ao contrário do Bêbado Lesma, se você "bater o pé" ele sai de perto...

BÊBADO PICA-PAU – O fiscal

Ele fica num local estratégico, sempre com um copo na mão, só observando, cuidando de tudo e de todos. Os olhos atentos para ver quem sai com quem ou se alguém faz algo comprometedor. Ele quase não faz fofocas – só de vez em quando – mas quer saber de tudo. Sabe-se lá por quê...
Essa indiscrição do Bêbado Pica-Pau é muito explícita, o que irrita muita gente e às vezes lhe rende um olho roxo...
Ou um dente quebrado, ou uma orelha inchada...

BÊBADO PIOLHO – O QUE FAZ A CABEÇA DOS OUTROS

Esse ordinário tem o péssimo hábito de incentivar as pessoas a beber. O pior é que muitos indivíduos que ainda estão "cheirando a fraldas" também são influenciados por sua propaganda enganosa. Por ser um dos responsáveis pela grande proliferação de cachaceiros no planeta, o Bêbado Piolho é considerado por todos um monstro etílico desprezível que deveria ser eliminado da face da Terra. Quando, finalmente, ele morre, sua alma nefasta consegue deixar o ambiente do inferno ainda mais pesado...

BÊBADO PINGUIM – O QUE BEBE PARA REFRESCAR

Engana-se quem pensa que ele só bebe cerveja. Para ele, qualquer tipo de bebida, desde que seja alcoólica, tem o milagroso poder de refrescar; inclusive cachaça quente, uísque falsificado ou vinho vagabundo que não presta nem para fazer sagu… Coisas de uma cabeça esclerosada pelo álcool.

BÊBADO PIT BULL – O "DO CONTRA"

O prazer desse indivíduo "rançoso" é contrariar todo mundo... Ele nunca concorda com ninguém em nada; quanto mais bebe, mais chato fica... É um pé no saco escrotal. Quando está com corintianos, ele se diz palmeirense; para os palmeirenses ele fala que é Corinthians "desde pequenininho". Se o convidam para sair, ele quer ficar; se todos querem ficar, ele quer sair; e se acaso alguém concordar com ele, ele muda de ideia... Tem que ter muita calma nessa hora para não encher o Bêbado Pit Bull de socos e pontapés.

BÊBADO POLVO – O QUE MISTURA BEBIDAS

O fígado desse indivíduo deveria ser enterrado numa sepultura à parte, como herói de guerra... Nas festas, ele mistura todos os tipos de bebida, até vomitar em cima da mesa de salgadinhos, desmaiar e ter que ser levado para casa. No boteco, chega ao cúmulo da estupidez, misturando vários tipos de bebidas no mesmo copo; é pior do que gasolina com soda cáustica. É um milagre quando esse cara consegue viver até os 37 anos...

BÊBADO POMBA-ROLA – O BOBO DA CORTE

Pobre Bêbado Pomba-Rola! Sua inteligência pífia,
a cara de abobalhado e a voz de taquara rachada
fazem dele a vítima ideal para zombarias
e brincadeiras de mau gosto.
Mas no fundo até que o bocó gosta –
pelo menos ele é uma diversão
para os outros bebuns...
Sua única serventia.

BÊBADO PORCO – O RELAXADO

Esse "animal" é repugnante: Ele entra no banheiro cambaleando e escreve "poesias" na porta, enquanto se alivia pisando em cima da calça. Ele se limpa parcialmente, joga os papéis sujos no chão e sai, sem lavar as mãos nem dar descarga... Depois volta pra mesa do bar e tira com o dedo imundo uma mosca que havia caído no copo de cerveja choca... E assim continua com sua bebedeira nojenta.

Após mais um tempo bebendo, e já de cara cheia, o Bêbado Porco levanta-se para ir ao banheiro novamente, mas não consegue. Vomita no chão e "vai ao banheiro" ali mesmo.

É jogado na sarjeta – bem longe da porta do bar.

E cada vez mais longe de casa e da família...

BÊBADO PULGA – O QUE VIVE PEDINDO CARONA

Ele bebe tudo que ganha, por isso não tem dinheiro nem para comprar um carro "pré-histórico", à prestação. Mas, por outro lado, o indivíduo tem uma preguiça desgraçada de andar a pé, detesta andar de ônibus e adora andar de carro. Por isso é um folgado que vive incomodando, pedindo carona: para ir para casa, para visitar um amigo, para ir só até a esquina e até para trocar de bar. Mesmo quando o "animal" está muito bêbado e ninguém dá bola, ainda assim ele tenta a última cartada: subornar o motorista oferecendo goles de cerveja no copo babado e pedaços de linguicinhas sebosas.
O Bêbado Pulga irrita muito com suas investidas constantes. E é por isso que às vezes ele chega em casa inchado de tanto levar pancadas... Depois de uma boa caminhada, é claro.

BÊBADO PULGÃO-DA-COUVE – SÓ SAI DO BAR AOS PONTAPÉS

Os fregueses já saíram; quase todas as luzes foram apagadas; as cadeiras estão sobre as mesas, menos uma... a dele! Já lavaram o chão, respingaram "sem querer" água suja nas calças e nos sapatos do indivíduo, mas ele nem notou. Ele quer beber mais uma, depois pede outra... O dono quer fechar o bar há mais de uma hora e já não aguenta mais. Até que o Bêbado Pulgão-da-Couve pede a terceira saideira, e ainda por cima fiado...
O "animal" acorda no outro dia caído na sarjeta, cheio de hematomas e escoriações e "descorçoado da vida"...

BÊBADO RAPOSA – O EXPLORADOR DE BÊBADOS

Todos os pinguços decentes (?) do planeta se envergonham por pertencerem à mesma classe do Bêbado Raposa. Esse pilantra aproveita-se da bebedeira dos outros para extorquir, fazer "empréstimos", tirar vantagem de situações, bater carteira, entre outras coisas.
Ele finge que bebe até conseguir os seus objetivos, depois muda de bar e enche a cara, se achando o bêbado mais esperto do mundo. Até quando a mãe dele bebe, torna-se uma vítima em potencial...
Esse meliante alcoólico não vale sequer um litro de cachaça vagabunda.

BÊBADO RATO – O QUE CHEGOU AO "FUNDO DO POÇO"

Ele perdeu tudo: o emprego, o prestígio, os amigos, a família, a saúde, a vergonha e a dignidade... De tudo que tinha na vida só lhe restou a maldita bebida, que ele consome não mais por prazer, mas para abreviar de vez com a sua existência desgraçada... A vida do "animal" foi completamente destruída pelo álcool.

BÊBADO RINOCERONTE – O que bate na mulher

Esse imbecil enche a cara e transforma a vida dos familiares numa tragédia: com os olhos vermelhos e esbugalhados, babando e com a língua travada pelo álcool, ele quebra pratos, joga panelas no chão, vira a mesa, grita, xinga, espanca a mulher e os filhos e ainda ameaça com uma faca. É um ser covarde e desprezível, que mais parece algum personagem hediondo de filme de terror...

BÊBADO ROUXINOL – O CHATO DO VIDEOKÊ

Ele bebe todas e depois quer tirar a nota mais alta a qualquer custo... E não larga o microfone de jeito nenhum.
Com uma chatice eclética, canta todos os estilos e até se arrisca a cantar em inglês. É insuportável – um terror!
O fator de risco é se alguém tenta arrancar o microfone da mão do Bêbado Rouxinol. Nunca faça isso, você pode ser obrigado a ter que lhe dar uns tabefes na orelha e, como você vai estar muito estressado, pode acontecer de acabar estraçalhando o indivíduo. Bem que ele merece, mas é melhor evitar um processo por homicídio doloso...

BAILE : FORRÓ ANIMADO
ANIMAÇÃO : ZÉ PINGUINHÁH

BÊBADO SAPO – O QUE VAI AOS BAILES SÓ PARA ENCHER A CARA

Ele nem sabe dançar; até detesta dança...
Mas não perde um baile sequer.
Esse indivíduo tem como esporte favorito
encher a cara nos bailes, por isso sempre está em
uma mesa próxima da copa ou escorado no balcão do bar.
O Bêbado Sapo é assim, acomodado, passa o baile
inteiro bebendo, "trocando ideias" com outros bêbados,
curtindo seu ambiente etílico favorito.
Ele é um tapado, conformado com a própria
insignificância; fica feliz quando bate o próprio
recorde de cervejas... Como se tivesse feito grande coisa...
Coitado!

BÊBADO TAMANDUÁ – O QUE ABRAÇA TODO MUNDO

Esse cara é viciado em abraçar todo mundo porque tem muito calor humano – e alcoólico – para dar. É duro de aguentar!
O seu abraço tem uma "marca registrada", literalmente: sempre deixa a marca das mãos sujas e suadas na camisa da vítima.
Ele enche a cara e depois abraça para demonstrar amizade; abraça para pedir dinheiro emprestado; abraça, chora e baba no ombro alheio enquanto lamenta sua vida inútil de cachaceiro; abraça umas trinta vezes a mesma pessoa para agradecer que foi correspondido no primeiro abraço...

BÊBADO TOUPEIRA – O QUE DÁ BEBIDA AOS FILHOS

O Bêbado Toupeira é um indivíduo abominável que ainda precisa melhorar muito para chegar a ser um idiota. Sua estupidez começa quando o filho ainda é um bebê: Ele molha a chupeta na cerveja e dá para a pobre criança "sentir o gostinho". Quando faz 5 anos, já está acostumado a tomar alguns goles no copo do papai desnaturado. Quando chega aos 13 anos já é um beberrão desprezível, que incomoda e inferniza a vida de muita gente... Principalmente a dos pais. Só aí é que o Bêbado Toupeira se dá conta de que ele é mesmo uma toupeira...

BÊBADO TOURO – O ÚLTIMO A SABER

Ele não tem tempo para dar atenção à mulher, afinal "tem" que ir todos os dias ao boteco tomar cerveja com os amigos.
Por isso é natural que a mulher busque alternativas, porque ninguém é de ferro...
Mas o Bêbado Touro não sabe de nada, porque para ele o que importa é "aproveitar a vida" com bebedeiras vexatórias, ao lado de um monte de cachaceiros desqualificados.
E a mulher dele fazendo "rodízio"...
E com razão.
Quem manda o bebum optar pela cachaça?...

BÊBADO URUBU – O PESSIMISTA

Esse cara bebe e só fala coisas negativas. Primeiro ele te passa a lista de falecimentos, até do irmão da vizinha da sogra dele; depois ele conta as últimas "novidades" em doenças – dele e de pessoas que você nem sabia que existiam. Ainda não satisfeito, continua destilando seu veneno reclamando do governo, da situação financeira e do time que perdeu. Para arrematar, esse profeta etílico do apocalipse faz fofocas de todo mundo... É de doer! Se você tem um amigo assim... Minha nossa, será que você precisa de inimigos? Crie vergonha e dê um chute no traseiro desse urubu e mande-o para o raio que o parta...

BÊBADO VAGA-LUME – O que bebe depois do serviço

Todos os dias, após o expediente, o Bêbado Vaga-Lume vai beber cerveja com os amigos, porque "ninguém é de ferro". Mas tem um babaca que nunca participa das festas e nem gosta de beber. Às vezes o puxa-saco do patrão fica trabalhando até mais tarde ou fazendo cursos de aperfeiçoamento. Sabe aquele cara que trabalha há vinte anos numa firma e nunca foi promovido? É ele, o Bêbado Vaga-Lume... Que ainda sonha em comprar a casa própria e viaja de ônibus com a família para tirar férias na casa de parentes, porque o carro dele está caindo aos pedaços. Sabe aquele cara que atingiu o ápice na carreira e que ganha trinta vezes mais do que o Bêbado Vaga-Lume? É ele, o "babaca"... Que tem uma casa grande, bonita e confortável, troca de carro todo ano e sempre tira férias com a família na praia ou no exterior. A diferença entre o Bêbado Vaga-Lume e o vaga-lume é que o bêbado está sempre apagado...

BÊBADO VERME – O PIOR BÊBADO DO MUNDO

É inacreditável, mas esse indivíduo consegue reunir, em um só, todos os defeitos que existem no submundo dos cachaceiros. Ele é, de longe, o bêbado mais desprezível da face da Terra; o suprassumo da *in*volução da fauna etílica, o ápice do sinistro e do tenebroso; um pulha desprezível que não vale nada; um exemplo maldito de degradação moral; uma vergonha para a raça humana...
Mas quando está sóbrio é gente boa...

BÊBADO VESPA – O estraga festas

Esse cara bebe e estranha os amigos; muitas festas de família acabam mais cedo porque o "animal" arruma confusão com os parentes.
Por ter consciência de que não aguenta um tapa, o ordinário só provoca brigas perto da turma do "deixa disso". O Bêbado Vespa é do tipo "me segura senão eu bato", que passa vexames quando ninguém segura e acaba sendo deserdado pela família...

BÊBADO ZANGÃO – O SÓBRIO

Ele é um cara sóbrio. Às vezes fica até um ano sem beber. Mas quando esse indivíduo resolve...
Sai da frente!
Bebe até sair pelos ouvidos; são tantos vexames que "compensam" com folga o período que ficou comportado; muitas vezes entra até em coma alcoólico. Vai entender... Talvez seja uma crise de identidade, ou quem sabe uma dificuldade para assumir o desejo secreto de ser um cachaceiro em tempo integral.
Nem ele mesmo sabe.

BÊBADO ZEBRA – O SEM SORTE

Esse "animal", além de bêbado, é azarado. Sempre foge das brigas, mas, quando resolve enfrentar alguém, esse alguém é um assassino sanguinário, foragido da polícia; quando, finalmente, após três anos de jejum, ele consegue arrumar uma namorada, descobre que o nome dela é... Alfredo.
Se o Bêbado Zebra deixasse de beber, teria mais sorte, mas como ele é muito burro, continua enchendo a cara... Até ser atropelado e morto por uma bicicleta desgovernada...

BÊBADO ZORRILHO – O QUE BEBE PARA ABRIR O APETITE

O Bêbado Zorrilho sempre se gaba de que nunca bebe fora de hora e que só bebe para abrir o apetite... O problema é quando ele começa com seus aperitivos cinco horas antes da refeição. Muitas vezes o "animal" abre tanto o apetite que nem consegue almoçar.

(...)

HOMENAGEM AO BÊBADO ÁGUIA – O EX-BÊBADO

"Homem de verdade é aquele que vence a si próprio."

Aqui vai uma homenagem a todos aqueles que tiveram persistência e força de vontade para abandonar o terrível vício do álcool.

Também aos abstêmios que nunca entraram nessa "canoa furada".

Parabéns a todos... Vocês são dignos de respeito e admiração!

Impressão e Acabamento